알록달록 첫 세계사 11

새로운 길을
찾아 나선

유럽

박선희 · 이성호 글
오승만 그림

상상정원

십자군 전쟁이 채 끝나기도 전에
이번에는 동쪽에서 몽골군이 쳐들어왔어.
몽골군은 중앙아시아 초원을 따라 무시무시한 속도로 달려와서
어느새 유럽의 동쪽 문턱에 이르렀지.
몽골군이 물러간 후 낯선 전염병이 생겨났어.

열이 심하게 나고 몹시 아프다가
온몸에 검은색 점이 나타나며 죽는 병이야.
사람들은 **흑사병**이라고 불렀어.
흑사병은 삽시간에 유럽에 퍼져 나갔어.
엄청나게 많은 사람이 고통 속에 목숨을 잃었지.
유럽은 살아 있는 지옥이 되었어.

"하느님, 우리의 죄를 용서해 주세요.
제발, 병을 고쳐 주세요."

사람들은 교회에 모여서
울부짖으며 기도를 했어.
그러나 병은 오히려 더 퍼졌고
교회에 대한 믿음은 점점 약해져 갔어.

교회의 권위가 흔들리면서
사람들은 인간에 대해 관심을 갖기 시작했어.
자연스럽게 그리스와 로마 시대의 문화를 떠올렸지.
이런 움직임을 **르네상스**라고 해.
'다시 살아난다'는 뜻이야.

르네상스가 시작된 곳은 이탈리아였어.
옛날 로마 제국의 문화가 곳곳에 남아 있었거든.
그리고 지중해 무역으로 돈을 많이 번 사람들이
그림이나 조각을 사들여 집을 꾸미고
예술가들을 후원했기 때문이야.
그 덕에 레오나르도 다 빈치나 미켈란젤로 같은
천재들이 한꺼번에 등장해
인간의 모습을 아름답게 표현했어.

레오나르도 다 빈치는 그림을 잘 그렸어.

그런데 그림만 잘 그린 것이 아니라

호기심도 많고 잘하는 것도 많았어.

'사람 몸의 뼈와 근육은 어떤 모양일까?'

'하늘을 날 수 있는 방법은 없을까?'

'새로운 무기를 만들어 볼까?'

다 빈치는 떠오르는 생각들을 그림으로 꼼꼼히 그려 냈어.

다 빈치의 작품 가운데 가장 유명한 그림은 <모나리자>야.
<모나리자> 속 여인은 아주 신비로운 미소를 짓고 있어.
경계선을 흐릿하게 그려서 공기까지 표현한 것 같아 보여.

미켈란젤로는 조각을 잘했어.
돌을 매끄럽게 깎아서
죽은 예수를 안고 슬퍼하는 마리아나
거인에 맞서 싸우는 다윗의 상을 만들었어.
얼마나 잘 만들었는지 돌에서 감정이 느껴질 정도야.

미켈란젤로는 성당의 벽화도 그렸어.
하느님이 세상을 만든 이야기도
마지막 심판의 날도 생생하게 그렸지.

벌거벗은 모습으로 그려 놓은 그림을
불편하게 여기는 사람도 많았어.
그러나 미켈란젤로는 하느님이 만든 인간의 몸은
부끄럽거나 못난 것이 아니라며 그림을 고치지 않았지.

이탈리아에서 시작된 르네상스는 유럽 전체로 퍼져 나갔어.
이제 그리스 신화의 영웅이나 성경 속의 인물이 아니라
평범한 사람들의 생활 모습을 그리는 화가들도 나타났어.
춤을 추며 즐거운 한때를 보내는 사람들이나
들녘에서 일하는 농부들을 그리기도 했어.

돈만 아는 성직자나
교회의 잘못을 꼬집는 글도 나왔어.
사회의 문제점을 날카롭게
지적하는 사람도 있었지.

교회에 대한 불만이 점점 커져 갔지만
교황은 오히려 더 크고 높은 교회를 지으려고 했어.
로마의 베드로 대성당을 다시 짓기로 한 거야.
이 어마어마한 공사는 수십 년 동안 계속되었고
엄청나게 많은 돈이 들었어.

교황은 이 돈을 마련하기 위해서 사람들에게 면벌부를 팔았어.
면벌부를 사면 죽은 후 지옥에 떨어지는 벌을
피할 수 있다고 한 거야.

'면벌부를 사면 지옥에 가지 않는다니
이 무슨 말도 안 되는 소리인가!'
독일에 살던 루터는 화가 나서
면벌부를 파는 것이 잘못인 이유를
95가지나 적어서 교회 문에 붙였어.

"교황은 어떠한 죄도 용서할 수 없다.
진심으로 잘못을 뉘우치고 신에게 용서를 빌면
면벌부가 없어도 죄에서 벗어날 수 있다."

교회는 루터가 쓴 글을 바로 떼어 버렸지만
루터의 글은 금세 사람들에게 알려졌어.
구텐베르크가 인쇄술을 개발해서
똑같은 글을 여러 장 쉽게 찍어 낼 수 있게 되었거든.

루터는 오직 하느님을 믿는 마음과
하느님이 베풀어 주시는 사랑으로만
구원받을 수 있다고 주장했어.

"교회가 엉터리 주장을 하는 것은
사람들이 성경 말씀을 잘 모르기 때문이야.
성경을 제대로 읽고 그 내용을 안다면
누구나 하느님을 올바로 믿을 수 있을 거야.
우리가 믿고 따를 것은 성경 말씀뿐이야."

그때 성경책은 라틴어로 쓰여 있었어.
라틴어를 모르면 성경을 읽을 수가 없었지.
루터는 독일 사람 누구나 읽을 수 있도록
성경을 독일어로 옮겼어.
인쇄술의 도움을 받아 독일어 성경은 널리 퍼져 나갔지.

교황은 루터를 교회에서 쫓아냈지만
루터가 옳다고 생각하는 사람도 많았어.
유럽 여러 곳에서 교황의 지시를 받지 않는
새로운 교회들이 생겨났어.
종교 개혁이 시작된 거야.

스위스에서는 칼뱅이 새로운 주장을 했어.

"우리가 구원받을 것인지 아닌지는
하느님이 이미 정해 놓으셨습니다.
성경을 읽으며 자기 일을 열심히 하는 것이야말로
구원받게 된다는 증거입니다."

그때 사람들은 부자가 천국에 가는 건
낙타가 바늘구멍을 지나가는 것보다 어렵다고 생각했어.
돈을 많이 버는 것은 욕심을 부리는 나쁜 일이라 여겼거든.
그런데 칼뱅이 자기 일을 열심히 하면서 절약해서 재산을 모으는 것은
죄가 아니라 하느님께 구원받을 증거라고 한 거야.
도시의 상인이나 수공업자들은 칼뱅의 주장이 정말 마음에 들었지.

로마 가톨릭 교회는 교회를 비판하는 사람들을 악마로 몰았어.

종교 재판을 열고 죄 없는 사람들을 처벌했지.

브루노는 우주는 끝없이 펼쳐져 있고

태양은 그중 하나의 별일 뿐이라고 주장했어.

종교 재판에서도 끝까지 자기 주장을 꺾지 않았지.

결국 사형 선고를 받아서 불에 타 죽었어.

망원경을 만들어 하늘의 별을 관찰한 갈릴레이는
지구가 태양 주변을 돈다고 주장했어.
그러나 갈릴레이는 종교 재판장에서 결국 자기 주장을 굽혀야 했지.
교회의 종교 재판은 '마녀 사냥'으로 이어졌어.
죄 없고 힘없는 사람들이 마녀로 몰려 처형되었지.
가톨릭 교회를 믿는 사람들과 루터나 칼뱅의 주장을 따르는 사람들이
서로 죽고 죽이는 끔찍한 전쟁을 벌이기도 했어.
종교 전쟁이 일어난 거야.

십자군 전쟁을 치르면서 동쪽 지방의 물건들이 유럽에 많이 전해졌어.
특히 후추 같은 향신료가 큰 인기를 끌었지.
향신료를 조금만 넣어도 음식 맛이 확 살아나거든.
고기 요리에는 역시 후추를 뿌려야지.
오스만 제국이 비잔티움 제국을 무너뜨리고
동쪽으로 오가는 길을 차지해 버려서
동방의 물건들 가격이 엄청 올랐어.
향신료는 부르는 게 값이래.

오스만 제국 상인들이 중국과 인도에서 사 온 물건들은
지중해 건너 이탈리아 상인들을 통해 유럽에 전해졌어.
사람들 손을 거칠 때마다 물건 값은 비싸졌지.
이제 유럽 사람들은 동방으로 가는 새로운 길을 원했어.
동방에 직접 가서 향신료를 사 올 수 있다면
큰돈을 벌 수 있을 테니까 말이야.

이베리아반도는 지중해의 서쪽 끝에 툭 튀어나온 땅이야.
남쪽에는 오래전부터 이슬람 세력이 버티고 있었고
북쪽에는 크리스트교를 믿는 왕국들이 여러 개 있었어.

"크리스트교를 믿는 형제들이여!
우리 땅에서 이슬람 세력을 완전히 몰아내자."

이베리아반도의 크리스트교 왕국들은
이슬람 세력과 전쟁을 치르면서 힘을 키웠어.
그중 두 개 왕국의 왕과 여왕이 결혼하여
오늘날의 에스파냐를 세웠어.
그리고 남아 있던 이슬람 세력을 내쫓고
이베리아반도를 차지했어.
지중해의 끄트머리에 자리잡고 있어서
지중해 무역에 끼지 못했던 에스파냐는
자신감을 얻고 대서양으로 눈을 돌렸어.

먼 바다로 나아가기 위해서는
많은 준비가 필요했어.
아무것도 안 보이는 바다 한가운데서도
방향을 찾고 내 위치도 알 수 있어야겠지.
거친 파도를 이겨 낼 수 있는
배도 만들어야 하고
해적을 물리칠 수 있는 대포도 필요해.
이슬람 상인들이 전해 준 중국의 나침반을
바다에서도 쓸 수 있게 바꿔 보자.
삼각돛과 사각돛을 함께 달아
크고 빠른 배를 만들어 보자.

바다를 향한 모험은
바닷가를 따라
아프리카 서해안을
훑어보는 것부터 시작되었어.
그 후 아프리카의 남쪽 끝까지
갔다 온 사람도 생겼지.
이제 아프리카를 돌아
아시아로 가는 건 시간 문제였어.

콜럼버스는 다른 방법을 생각했어.
'지구는 둥그니까 서쪽으로 계속 가면 인도에 갈 수 있을 거야.
나에게 커다란 배를 줄 사람이 없을까?'

콜럼버스는 에스파냐 여왕의 후원을 받아
1492년 대서양을 건너 서쪽으로 인도를
찾아 나서는 모험을 떠났어.

콜럼버스가 생각했던 것보다
대서양은 훨씬 넓었고, 가도 가도 육지는 보이지 않았어.
화가 난 뱃사람들은 폭동을 일으키기 직전이었지.

에스파냐를 출발한 지 두 달 만에
마침내 저 멀리 육지가 보였어.
지금까지 유럽에 알려지지 않았던 땅
아메리카에 도착한 거야.
콜럼버스는 인도에 도착한 줄 알고
그곳에 사는 사람들을 '인디오'라고 불렀어.
'인도 사람'이라는 뜻이야.

에스파냐로 돌아온 콜럼버스는 그곳에 금이 많다고 허풍을 떨었어.
많은 사람이 황금을 찾아 아메리카로 몰려들기 시작했지.

코르테스는 500명의 부하를 이끌고
지금의 멕시코로 들어갔어.
그곳은 아스테카 제국이 다스리는 곳이었지.
코르테스는 아스테카 제국에 불만이 많았던
여러 부족 사람들의 도움을 받아서
손쉽게 아스테카 제국을 무너뜨리고
에스파냐의 식민지로 만들었어.

또 다른 정복자 피사로는 겨우 180명의 부하와 함께
잉카 제국을 무너뜨리고
안데스 산지를 식민지로 만들었어.
황금을 차지하려는 욕심과 말과 총의 힘 덕분이었지.

에스파냐를 비롯한 유럽 사람들은
아메리카에서 금과 은을 빼앗아 가느라 바빴어.
곳곳에 광산을 만들고 원주민들을 끌고 가서
몸이 으스러지도록 일을 시켰지.

더 큰 문제는 전염병이었어.
유럽인들에게 흔했던 천연두나 홍역 같은 병에
아메리카 사람들은 면역이 없었거든.
엄청나게 많은 원주민이 유럽인이 옮긴 전염병에 걸려
고통 속에 죽어 갔어.

원주민이 너무 많이 죽어 일손이 부족해지자
유럽인들은 아프리카로 눈을 돌렸어.
아프리카에 사는 흑인들을 아메리카로 끌고 와
노예로 만들어 일을 시킨 거야.

유럽과 아프리카, 아메리카를 잇는 **대서양 무역**은
유럽 나라들에게 엄청난 이익을 가져다주었어.
많은 금과 은이 유럽으로 쏟아져 들어왔고
사탕수수로 만든 설탕이나 담배, 커피도 큰 인기를 끌었지.
감자와 옥수수, 토마토, 고추 같은 작물도 전해져
유럽 사람들의 밥상이 풍요로워졌어.

대서양 무역은 풍랑이라도 만나 배가 침몰하면
모든 걸 잃을 수 있는 위험한 일이었어.
하지만 큰돈을 벌려는 사람들은 기꺼이 위험을 받아들였어.
돈을 빌려주는 은행도 생기고
사고에 대비하는 보험업도 발달했어.
유럽 나라들은 점점 부자가 되어 갔어.
그 대가로 아메리카와 아프리카에 사는 사람들은
너무나 큰 고통을 겪어야 했지.

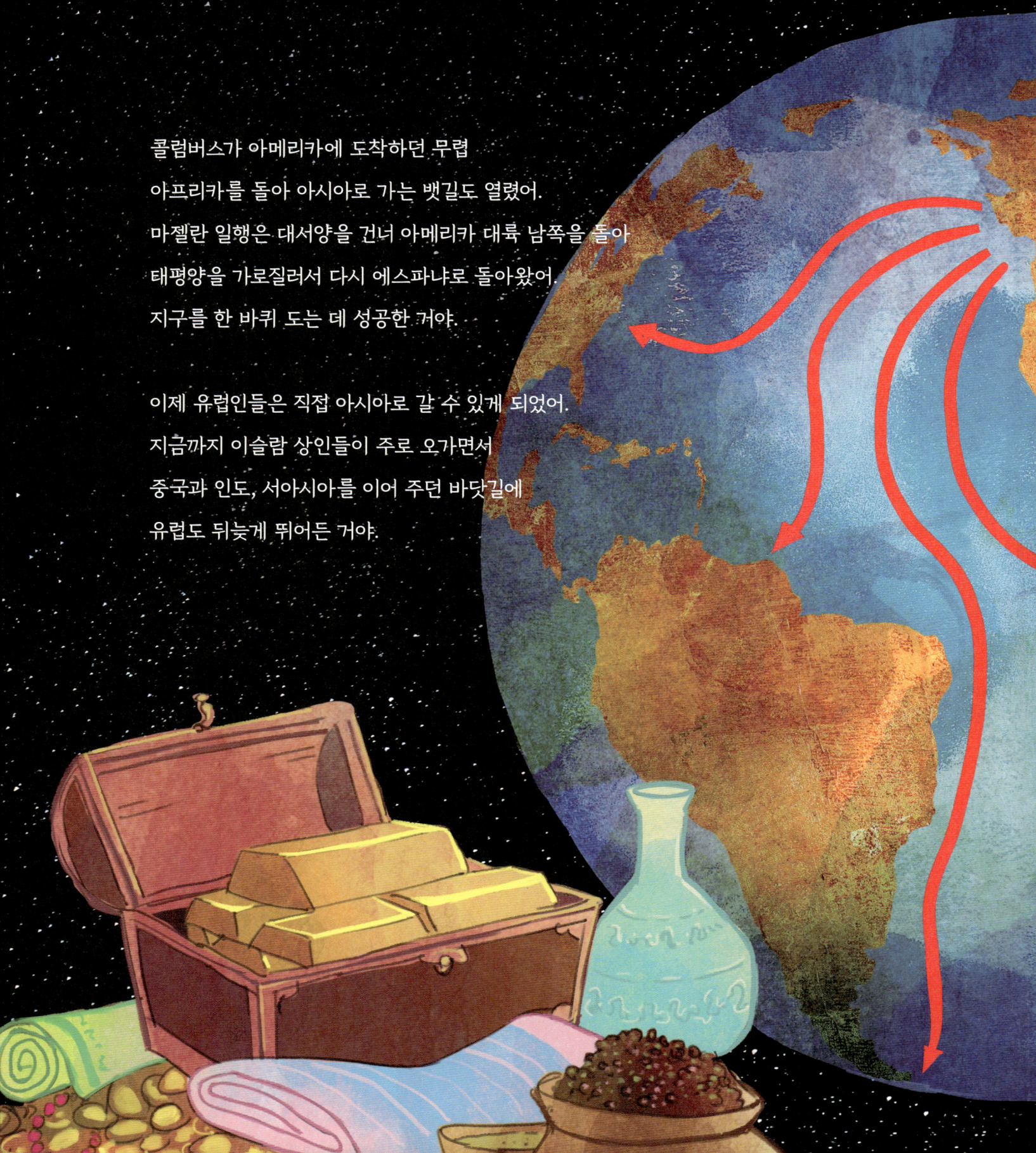

콜럼버스가 아메리카에 도착하던 무렵
아프리카를 돌아 아시아로 가는 뱃길도 열렸어.
마젤란 일행은 대서양을 건너 아메리카 대륙 남쪽을 돌아
태평양을 가로질러서 다시 에스파냐로 돌아왔어.
지구를 한 바퀴 도는 데 성공한 거야.

이제 유럽인들은 직접 아시아로 갈 수 있게 되었어.
지금까지 이슬람 상인들이 주로 오가면서
중국과 인도, 서아시아를 이어 주던 바닷길에
유럽도 뒤늦게 뛰어든 거야.

유럽 여러 나라는
아메리카에서 가져간 금과 은으로
인도에서는 면직물을
동남아시아에서는 향신료를
중국에서는 도자기와 차를 사 왔어.
나중에는 인도와 동남아시아
곳곳의 항구들을 차지해 버리기도 했어.

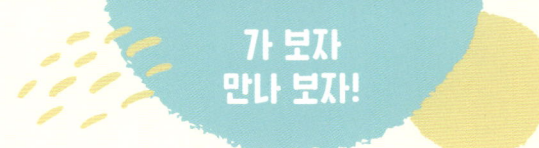

르네상스 천재들을 만나러 가는 이탈리아 여행

바티칸 시국

로마 안에 있는 바티칸 시국은 교황이 사는 나라야. 400명 정도가 사는 세상에서 가장 작은 나라지. 바티칸 시국의 중심에 성 베드로 대성당이 있는데, 성당 안에 미켈란젤로가 만든 <피에타> 조각이 있어. 죽은 예수를 안고 슬퍼하는 성모 마리아의 모습을 아름답게 새겨 놓았지. 시스티나 성당 천장에는 <천지창조>가 그려져 있고, 정면 벽에는 <최후의 심판>이 그려져 있어. 모두 미켈란젤로의 작품이야. 교황궁에는 라파엘로가 그린 <아테네 학당>도 있어. 소크라테스, 피타고라스 같은 그리스의 유명한 학자들이 그려져 있어서 찾아보는 재미가 있단다.

시스티나 성당 천장화 중 <천지창조>

라파엘로가 그린 <아테네 학당>

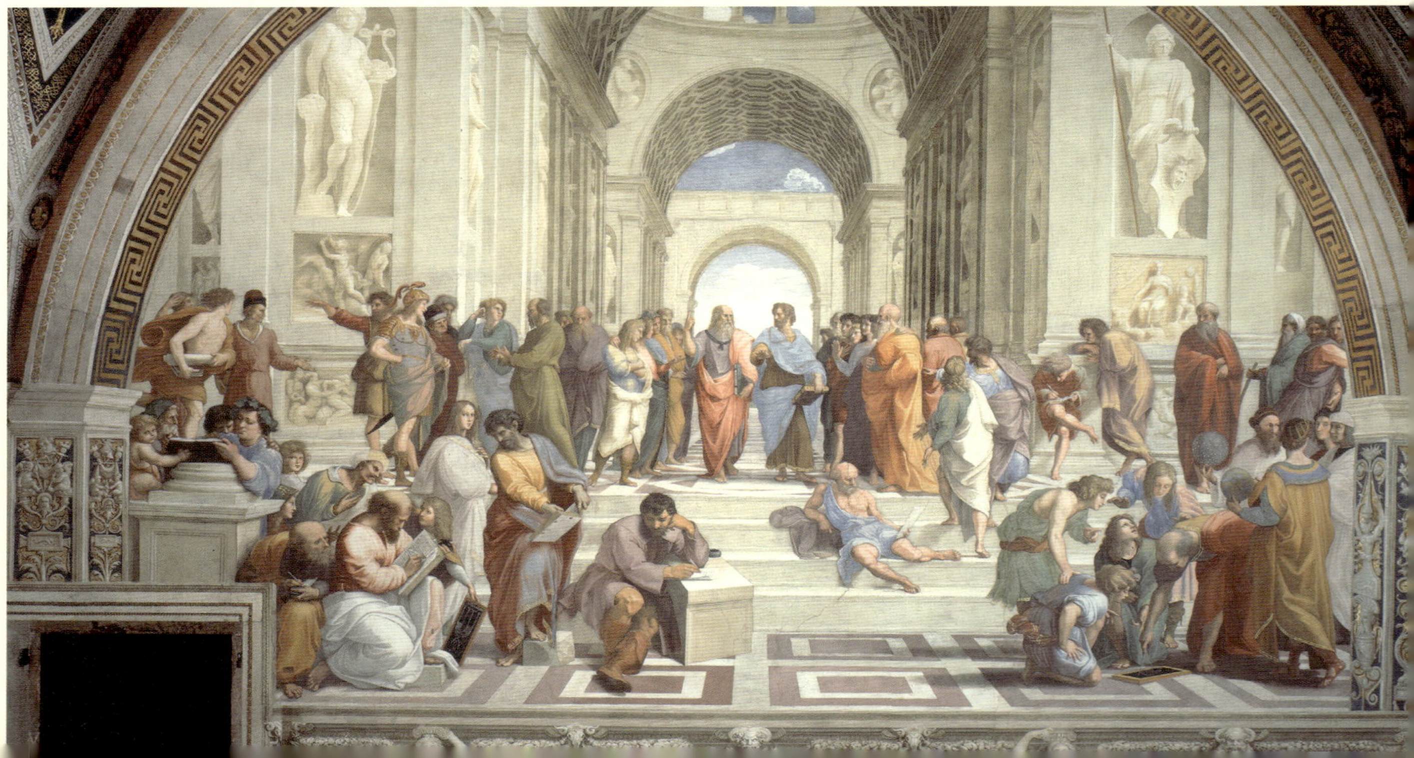

밀라노

밀라노는 레오나르도 다 빈치와 인연이 많은 도시야. 밀라노의 산타 마리아 델레 그라치에 성당에는 레오나르도 다 빈치가 그린 <최후의 만찬>이 있어. 예수가 로마군에게 끌려가기 전 제자들과 마지막 저녁 식사를 하는 장면이지. 수도원 식당의 벽에 그려져 있는데 원근법을 잘 이용해서 입체감이 느껴진단다.

레오나르도 다 빈치가 그린 <최후의 만찬>

피렌체

피렌체는 일찍부터 무역과 금융의 중심지였어. 그래서 부자가 많았지. 이들은 레오나르도 다 빈치나 미켈란젤로 같은 예술가들을 후원했어. 미켈란젤로가 피렌체 시민들을 위해 만들었다는 <다비드상>은 성경에 나오는 다윗의 조각이야. 원래는 광장에 있었는데 지금은 아카데미아 미술관으로 옮겼어. 피렌체에는 미켈란젤로 언덕이 있는데 이곳에 오르면 대성당의 지붕이 돋보이는 피렌체 시내를 한눈에 볼 수 있단다.

미켈란젤로가 만든 <다비드상>

부모님 가이드

새로운 길을 찾아 나선 유럽의 변화를 알아봐요

르네상스 시대 대표 작품들을 함께 감상해요

레오나르도 다 빈치나 미켈란젤로, 라파엘로 같은 르네상스 시대 예술가들의 작품을 찾아 아이와 함께 감상해 보세요. 작품의 배경을 미리 공부하고 등장인물을 손으로 짚으며 특이하거나 재미있는 부분을 찾아 아이들과 이야기를 나누다 보면, 그림 보는 재미를 함께 느낄 수 있을 거예요.

종교 개혁이 가져온 크리스트교의 변화를 알려 주세요

로마 가톨릭과 그리스 정교로 나뉘었던 크리스트교는 종교 개혁을 거치며 개신교가 다시 갈라져 나옵니다. 가톨릭과 개신교가 어떻게 다른지 이야기해 주세요. 가톨릭은 교황을 섬기고 교구 조직이 있으며 성직자의 혼인이 금지되지요. 반면 개신교는 중앙 집권적인 조직이 없고 성직자(목사)도 결혼할 수 있어요. 우리나라에서는 가톨릭을 천주교, 개신교를 기독교로 부르는 경우가 많은데, 천주교는 가톨릭 선교사들이 중국에서 하느님을 천주로 번역하면서 나온 말입니다.

신항로 개척의 길을 따라가 보아요

세계 지도를 펴고 콜럼버스나 마젤란이 지나간 길을 따라가면서 서인도 제도, 희망봉, 마젤란 해협 등 신항로 개척과 관계 있는 이름들을 찾아보세요. 그리고 망망대해를 향해 길을 떠나는 사람들의 마음을 상상해 보는 거예요. 만약 지금 길을 떠난다면, 어디에 가서 무엇을 찾아내고 싶을까요? 아이들과 이야기를 나누면서 모험심을 키워 주세요. 신항로 개척으로 큰 고통을 당하게 된 아메리카와 아프리카, 아시아 사람들에 대해서도 함께 생각해 보기를 바랍니다.

글 박선희

연세대학교 사학과를 졸업하고, 중학교 남자아이들에게 둘러싸여 복닥대며 살고 있습니다. 아이들이 세계의 역사를 배우면서 이 넓은 세상에 호기심을 가지면 좋겠습니다. 나와 다른 방식으로 살고 있는 사람들을 이해하고, 그들과 어울려 평화롭게 살아가기를 바랍니다. 함께 쓴 책으로 《제대로 한국사》, 《개념 잡는 초등 세계사 사전》이 있습니다.

글 이성호

연세대학교 사학과를 졸업하고, 꽤 오랫동안 중학교에서 역사를 가르치고 있습니다. 삶이 단순하지 않은 만큼 역사도 쉽지 않은 것이 당연하지만, 그래서 더 재미가 있다고 생각합니다. 그 재미를 어린이들과 나누는 일에 관심이 많습니다. 전국역사교사모임 회장을 지냈으며, 함께 쓴 책으로 《한 컷 세계사》, 《살아있는 세계사 교과서》, 《나의 첫 세계사 여행》, 《초등학생을 위한 맨처음 세계사》 등이 있습니다.

그림 오승만

호랑이 담배 피우던 옛날 옛적부터 그림 작가로 활동하며 많은 책들의 그림을 그린 일러스트레이터입니다. 떠오른 재미난 생각들을 그리고 오리고 붙이는 것을 좋아합니다. 요즘은 아내와 함께 그림책을 만들고 있습니다. 그린 책으로 《아빠, 같이 놀자!》, 《웃음이 멈추지 않는 몹쓸 병에 걸린 아이》 등이 있으며, 인류가 화성으로 이사 갈 때까지 그림책을 만들 계획입니다.

알록달록 첫 세계사 11   새로운 길을 찾아 나선 유럽

1판 1쇄 펴낸날 2025년 8월 10일
글 박선희·이성호 | **그림** 오승만 | **펴낸이** 김상원 | **편집인** 정미영 | **디자인** 신혜영·소년
펴낸곳 상상정원 | **출판등록** 제2020-000141호 | **주소** (05691) 서울시 송파구 삼학사로 6길 33, 1층
전화 070-7793-0687 | **팩스** 02-422-0687 | **전자우편** ss-garden@naver.com
사진 출처 위키피디아

글 ⓒ 박선희·이성호, 2025   그림 ⓒ 오승만, 2025
ISBN 979-11-92554-11-2 74900
ISBN 979-11-974703-4-9 (세트)

- 이 책은 저작권법에 따라 보호받는 저작물이므로, 저작권자와 상상정원의 허락 없이는 이 책의 내용을 쓸 수 없습니다.
- **사용연령 6세 이상** 종이에 베이거나 긁히지 않도록 조심하세요. 책 모서리가 날카로우니 던지거나 떨어뜨리지 마세요.